AF197915

Die Zeit hüpft vor sich hin vergnügt und voller Schwung,

doch bremst das Rad der Zeit sie aus, dreht sie zurück.

Mit Anlauf schafft die Zeit den nächsten großen Sprung,

trifft hoffentlich das Ziel. Zum Sprung gehört auch Glück.

Norbert Rahn

Wo springt die Zeit wohl hin?

Aktuelle Gedanken in klassischem Rhythmus

www.tredition.de

© 2021 Norbert Rahn
Umschlag, Illustration: Norbert Rahn

Verlag & Druck: tredition GmbH, Halenreie 40-44, 22359 Hamburg

ISBN
Paperback   978-3-347-22428-5
Hardcover   978-3-347-22429-2
e-Book   978-3-347-22430-8

Inhaltsverzeichnis

Von Natur und Sinnen...9
Altersfalten 9
Ein Spätsommerspaziergang................................10
Das Lachen der Bäume 11
Tiefgründige Pappeln 14
Die Erde lebt..19
Der alte Baum und die alte Bank......................21

Vier Jahreszeiten in fünf Gedichten 23
Des Frühlings Triumph 23
Ein Sommergewitter..25
Herbstimpression 28
Spätherbst..29
Die Flocke 30

Nachdenkliches 32
Wo springt die Zeit wohl hin? 32
Ein ganz schlimmer Finger................................34
Ordnung ist das halbe Leben.............................36
Große Kleinigkeiten 38
Hoffnungsvolle Apokalypse 39
Wahrer Wert...40
Ich liebe, also bin ich 41
Der rhetorische Bär...42
Von Fotos und Schlagzeilen...............................44
Der Fengel und seine drei Wünsche 45
Selbstwertschätzung..46
Von Wahrheit und Lüge 47
Gegen den Strom 48
Der Weg ist das Ziel (Parodie 1)........................49
Der Weg ist das Ziel (Parodie 2)........................51

Von Zeiten und Sinnen 52
Vom Glück..53
Vom Glauben 54

Gedichte mit Bezug zur Coronavirus-Pandemie................ **55**
Corona und der Frühling..55
Leid und Aufbruch...56
Zurück zu den Wurzeln..57
Die Geschichte vom weisen Sammler...58
2020 in den Geschichtsbüchern..59

Von Kunst und Dichtung.. **61**
Die Kunst und der Genuss 61
Die Muse und der Sinn 62
Das virtuose Genie...63
Ein lyrisches Erlebnis 65
Die Dichtkunst 67
Das Echo und der Reim 68

Gemischtes **69**
Tag des Buches und des Bieres 69
Altweibersommer 71
Kraftvolle Fortbewegung...72
Wahlniederlage 73
Der Traum vom Mond 75
Zeitreise mit dem "einst"...76
Eine kardiologische Oper 77

Augenzwinkerndes **80**
Zwei Schwestern..80
Der Computer-Flüsterer 82
Der hinkende Vergleich 83
Das Loch im Netz 84
Das magische Duschhandtuch..85
Die kontinuierliche Spende 87
Die Mindesthaltbarkeit 89

Poetische Geometrie 91
Senryûs und Haikus 93
Besinnliches: Senryûs 94
Zyklus der Jahreszeiten: Ein Haiku für jede Woche des Jahres 97

Von Natur und Sinnen

Altersfalten

Beim Altern zeigt die Erde Sorgenfalten:

Am Fuß der Berge, die in Wolken ragen,

dort werden Wasserströme prägend nagen

und formen Täler durch Naturgewalten.

Zu altern heißt hier Wachstum, dort Vergehen.

Was Altern *nicht* heißt, *ist*, bedrückt zu leiden -

auch *nicht*, das Jugendliche zu beneiden.

Zu Falten müssen *wir* im Alter stehen!

Die Falten, Furchen, Runzeln auf der Stirn

sind eingeprägte Täler der Gedanken,

die efeugleich in Serpentinen ranken,

genau wie *die* Mäandern im Gehirn.

Aalglatt geboren reifen *wir* beim Altern

durch stetes Grübeln *so* zu Falten-Faltern.

Ein Spätsommerspaziergang

Wenn *ich* entlang an Wiesen, Feldern gehe

wo wilder Wein und Heckenröschen ranken,

ich Äpfel purpurrot an Bäumen sehe,

so *ist's* an *mir*, mich dafür *zu* bedanken.

Sanft schweben Spinnenfäden durch die Lüfte

bei langen Schatten tiefer Sonnenstrahlen.

Aus groben Stollen steigen Erdendüfte,

der Herbst wird bald schon bunte Bilder malen.

Der Blick hinab ins Tal wirkt milchig weich;

die ersten Blätter fallen wippend, trudelnd.

Ich weiß genau: Wer hier geht, *der* ist reich.

Das Bächlein stimmt mir *zu* und murmelt sprudelnd.

Ich *sehn'* mich *nach* dem Sommer nicht zurück!

Voll Demut, Stolz horch' *ich* in *mich* hinein,

erkenne *im* Moment mein ganzes Glück

und freue *mich*, ein Teil des Seins zu sein.

Das Lachen der Bäume

Ich hatte einen Traum der wirren Art,

in dem die Bäume über Menschen lachten.

Es ist nicht selten, dass ein Traum uns narrt,

doch warum sollten Pflanzen uns verachten?

Und *so* begann der Traum - die Worte sprach ein Baum:

"Die Menschen mästen deshalb ihre Kühe,

um *sich* an *ihrem* zarten Fleisch zu laben.

Sie lieben Rinderlende, -hüfte, -brühe

und wollen täglich frische Kuhmilch haben.

Auch *uns* seh'n *sie* als *ihre* Lieferanten,

die reinen Sauerstoff für *sie* bereiten.

Sie glauben, *wir* wär'n *nichts* als Fabrikanten

von Latten, Brettern, schlimmstenfalls von Scheiten."

Welch Wut, welch hämisches Gelächter schallte

aus tausenden von knorrig knarzend' Kehlen

dumpf *dröhnend in* dem *sonst* so stillen Walde!

Es *graust* mich *schon* beim bloßen Nacherzählen.

Ein weiser Baum fuhr *fort* - aus Dickicht *drang* das Wort:

"Uns *hilft's*, den Menschen Sauerstoff zu spenden:

Lasst *sie* die Luft mit CO2 verpesten,

das *wir* für Wuchs des Walds gezielt verwenden!

Wie Nutzvieh werden *wir* die Menschen mästen.

Die Menschen leben höchstens neun Dekaden,

die allermeisten sterben deutlich jünger.

Sodann verwesen *sie* und nähren Maden;

Wir nehmen *uns* den Rest - als feinen Dünger."

Ovationen, stehende, erbrausten;

der ganze Wald berauscht´ am Beifall sich;

wild schlugen Äste, krachten, klatschten, sausten;

auf bäumten *sich* die Bäume - fürchterlich!

Das *riss* mich *aus* dem Schlafe; mein Erwachen

war eher *ein* Erschrecken. Aufgewühlt

vom Zweigzersplittern, Knarren, Äste-Krachen

hab' *ich* - schweißnass - erkannt, geahnt, gefühlt:

Mit *mir* erwachten starke Zweifel, Fragen!

Sind Wesen *wie* der Mensch, das Tier, der Baum

nur Zweck? Gedanken fingen an zu nagen.

Im Herzen bleibt mir stets - mein weiser Traum!

Tiefgründige Pappeln

Am Sommermorgen im Wiesenhain,

da standen Pappeln, wedelnd mit langen,

bewegten Ruten im Sonnenschein,

als wollten sie Wolken winkend fangen.

Die schmalen silbrigen Blätter sirrten

im gleißenden Lichtspiel *sacht* dahin.

Kaum hörbar rauschten, flüsterten, flirrten

sie fröhlich Freude in meinen Sinn.

Was sich so schnurstracks nach oben reckt,

sich über Jahre empor arbeitet,

hat sich auch tiefgründig weit erstreckt,

ein starkes Wurzelwerk ausgebreitet.

Gewaltige Wurzeln, stark und alt,

zersprengten Wege, warfen sie auf,

beschädigten Pflaster und Asphalt.

Wer *nimmt* schon Zerstörung gern in Kauf?

Drei Laster keuchten heran, erschienen

mit schweren, stählernen Arbeitstieren,

modernen Baum-Vernichtungsmaschinen.

Ihr Zweck war banales Baum-Rasieren.

Kettensägen, sie kreischten und dröhnten,

husteten giftiges Auspuffgas.

Zweige und Äste knirschten und stöhnten,

Fontänen von Spänen spritzten ins Gras.

Immer aufs Neue heulten Motoren,

dumpf plumpsten Ruten, Stämme zu Boden -

wieder war eine Pappel verloren.

Endlich war Schluss mit dem grausamen Roden.

Was eben hochragte *in* die Luft,

das *wurde* von Lastern abtransportiert.

Ein Hauch von Harz, ein würziger Duft

hat *mir* die Stämme reminisziert.

Wo einst die Pappeln wogten, sich wiegten,

verblieben *nur* ein paar helle Späne.

Die Natur unterlag, die Maschinen obsiegten -

die Pappeln wurden zum Opfer der Pläne.

Hier könnte das Gedicht bereits enden,

doch *wird* es *hier* erst richtig beginnen.

Zum Glück hin *soll* sich das Unglück wenden -

durch Kahlschlag *darf* kein Leben verrinnen!

Nach *ein* paar Wochen mit kahlen Wiesen,

da *sah* man mitten im Wiesenhain

recht seltene Pflanzen tausendfach sprießen

mit glänzendem Blatt, noch zart und klein.

Die Pflanzen wuchsen und trieben schnell

und brachten Zweiglein, Ästchen hervor.

Die Pappelwurzeln *waren* ihr Quell;

das Leben strebte zum Licht empor.

Zu solcher Wurzelkraft fiel mir ein:

Verstehen wir *nur*, was *wir* auch sehen,

den kleinen, sichtbaren Augenschein

und lassen uns tieferes Sein entgehen?

Verpassen *wir* den wichtigen Teil?

Pulsiert hier unterirdisch das Leben

in Erdreich, Seen, Tiefsee, derweil

wir unseren Blick zum Himmel erheben?

Im Boden wimmelt es ohne Licht

vor Wurzeln, Insekten, Maulwürfen, Maden.

Die Wesen erfüllen ihre Pflicht

auf *den* ihnen angestammten Pfaden.

Im Meer rumoren alte Vulkane

mit ungeahnter Vielfalt des Lebens.

Die tiefsten Tiefen der Ozeane

sind Forschungsziele, oftmals vergebens.

Dort existieren Riesenkalmare

und transparentes Meeresgetier,

perfekt getarnte Prachtexemplare.

Die Wiege des ersten Daseins war hier.

Ja, *einem* Spaziergang *dort* im Hain

gelingt's, Gedanken neu zu entfalten:

Natur wohnt selbst im dunkelsten Sein,

wo wohlverborgene Kräfte walten.

Aus Sein wird Werden, Wachsen, Vergehen,

im ewigen Daseinszyklus Leben.

Wir *werden* wohl *nie* zur Gänze verstehen,

doch voller Hoffnung nach Wahrheit streben.

Die Erde lebt

Ist uns're Erde nicht das Leben pur?
Sie atmet Sonnenstrahlen, Morgentau,
haucht Nebel *in* die Täler der Natur.
Ihr Kleid strahlt in Azur und Himmelblau.

Sie kennt das Leid wie *auch* des Glückes Strähnen,
lässt Lavaströme leidvoll langsam fließen,
lacht quellend felsenfrische Freudentränen,
die *sich* in Bäche, Flüsse, Meer ergießen.

Sie liebt das Spiel des Monds mit *den* Gezeiten,
genießt das Spiel des Lichts im Sonnenschein,
wenn hinter *ihr* die Sterne Glanz verbreiten
und Westwinds Walzer lädt zur Drehung ein.

Ob *ihres* Alters zeigt die Erde Falten,
die *als* Gebirge in die Höhe ragen,
zerfurcht von Schluchten *durch* Naturgewalten.
Ach, würden *sie* nicht *noch* die Menschen plagen!

Die Menschen reizen *sie* oft *bis* aufs Blut
durch Raffgier, Bohrung, Rodung, Fracking, Gift.
Verspürt die Erde Zorn, bebt *sie* vor Wut -
dann wehe *dem*, den dieser Ausbruch trifft!

Bedenkt: Wir *sind* mit dem Planeten *eins*,
lasst *uns* ihn *nicht* als Eigentum betrachten!
Als kleines Teilchen *eines* großen Seins
gebietet *uns* die Pflicht, dies Sein zu achten.

Der alte Baum und die alte Bank

Die alte Bank,

der alte Baum:

Vom Altern krank,

verliebt das Paar.

Ein Liebestraum -

das Jahr für Jahr.

Die Bank bot Platz,

der Baum trug Frucht.

Vereint als Schatz

aufs Wohl bedacht,

das Glück gesucht -

vereint erbracht.

Aus Baum wurd Bank,

aus Frucht wurd Baum:

Nun neu und schlank,

verliebt das Paar.

Ein Liebestraum -

das Jahr für Jahr.

Vier Jahreszeiten in fünf Gedichten

Des Frühlings Triumph

Der graue Wintervorhang wird durchrissen,

von warmen Sonnenstrahlen aufgespießt.

Ist *nicht* die laue Luft ein Leckerbissen

für *den*, der *erste* Wärme *nun* genießt?

Seht *ihr* den wilden Kampf der Farben wogen?

Dem Untergang sind Grau und Braun geweiht;

es prangen Sieger *bunt* wie Regenbogen,

wenn *jetzt* im Saft das satte Grün gedeiht.

Die neuen Blätter falten *sich* aus Zweigen;

die Krokusfinger strecken *sich* empor

zu Glocken, *die* dezent die Köpfe neigen.

Der Frühling ruft die Farbenpracht hervor.

Die Tulpen wiegen bonbonfarb'ne Becher

als würden *sie* erwarten feinen Met,

um fröhlich anzustoßen mit dem Zecher,

umweht von feinem, blumigem Bukett.

Des lila Flieders Wunderkerzen stehen;

betörend rauben Düfte mir den Sinn.

Forsythien leuchten: Weit sind *sie* zu sehen.

Ihr Gelb zieht erste Bienen *zu* sich *hin*.

Der Frühling hat erneut den Kampf gewonnen,

der kalte, graue Winter ist verblichen.

Hat *nicht* erst *jetzt* das neue Jahr begonnen?

Des Frühlings Kraft will *ich* verinnerlichen!

Ein Sommergewitter

Ein jeder sehnt sich *nach* Erfrischung, Kühle

in aufgeheizter, feuchter Atmosphäre.

Die Sonne sticht dann drückend durch die Schwüle -

ach, *wie* willkommen ein Gewitter wäre!

Schon *bald* wird unser blaues Firmament

Kulisse einer grauen Wolkenwand,

die zartes, milchig Blaues überrennt.

Schnell nehmen dunkle Wolken überhand.

Der Wind frischt auf und erstes Donnergrollen

ermahnt uns, *an* die Sicherheit zu denken.

Die Menschen hasten aufgescheucht und wollen

gehetzt die Schritte Richtung Häuser lenken.

Gespenstisch still verstummt das ganze Sein,

in dunklen Schatten schweigt die weite Flur.

Selbst Vöglein stellen ihre Lieder ein

in Vorahnung der Launen der Natur.

Schon zucken Blitze zornig, hitzig, grell,

zerfetzen spitzgezackt das Firmament

von Horizont zu Horizont so hell,

dass *selbst* geschloss'nes Auge *sie* erkennt.

Die Donnerschläge brüllen, rollen, krachen,

erdröhnen drohend dumpf von allen Seiten.

Der Sturm peitscht Regenschwälle über Lachen,

als müsste *er* des Donners Lärm begleiten.

So *schnell* wie *das* Gewitter aufgezogen -

mit *all* dem Blitzen, Donnern, Stürmen, Röhren -

ist *es* im Handumdrehen auch verflogen:

Nur dumpfes Grollen *ist* entfernt zu hören.

Der Sonnenschein strahlt durch den Wasserdunst,

der neblig *in* die klare Luft aufsteigt.

Die Vöglein zelebrieren Sangeskunst -

Natur hat kraftvoll ihre Macht gezeigt.

Gewitter beenden die schwülwarme Zeit,

sie bringen auf *einmal* die plötzliche Wende.

Sie ähneln energischem, zornigem Streit -

danach reichen Streiter sich friedlich die Hände.

Herbstimpression

Der Bäume bunte Blätter zeigen klar
die Wende an: Der Sommer ging dahin,
selbst *wenn* er noch so heiß und innig war.
Die Herbstgedanken prägen jetzt den Sinn.

So spart sich *die* Natur nun *ihre* Kraft,
stellt weise, wohlbedacht ihr Wachstum ein,
steckt *nicht* mehr Energie in Blattes Saft,
beschenkt uns *noch* mit Reben für den Wein.

Auch *uns* lasst langsam, weise innehalten,
um Vorrat für den Winter anzulegen,
das Leben langsam ruhiger gestalten,
wenn Herbstes Stürme *durch* die Lande fegen.

Wenngleich Gedanken *in* die Tiefe dringen,
entfacht der Herbst die wilde Farbenpracht.
Solch Bild wird heuer *nicht* mehr *oft* gelingen -
ist *dies* als Abschiedsfeuerwerk gedacht?

Spätherbst

Ein herbstlich kühler Hauch ließ Sommerhitze fliehen:
Die Flucht der Leichtigkeit lädt *ein* zum Innehalten.
Gemächlich sehen *wir* die Wildgans-Gruppen ziehen,
wenn Nebelbänke *sich* am Abend weich entfalten.

Die Schuhe schlurfen *schwer* im Gold des Laubs dahin,
wenn zögernd Blatt um Blatt galant von Ästen gleitet.
Melancholie beschwert ganz *sanft* den leichten Sinn,
wenn letzter Sonnenstrahl sein milchig' Licht verbreitet.

Der einst so helle Klang der Vögelein klingt *nun*
fast mühsam und gequält, als wären *sie* erschlafft,
als *sähen sie* den Herbst als Zeichen, auszuruh'n.
Entschleunigung schenkt *uns* des Herbstes Zauberkraft.

Wenn Schatten werden lang und Tageslicht wird rar,
wenn Tee dampft *auf* dem Tisch, das Buch liegt griffbereit,
dann *ist* es *an* der Zeit: Gen Ende *strebt* das Jahr,
des Winters Eis und Frost sind *nicht* mehr allzu weit.

Die Flocke

Als Wolkenstaubteil wurde *ich* erkoren,

ließ *mich* von Himmelnebel fein benetzen.

So *hat* der Frost ein Eiskristall geboren,

um filigrane Formen umzusetzen.

Dem Englein gleich darf ich zu Boden schweben,

im Kleid aus sechs verketteten Kristallen.

Ich liebe es, die Sanftheit zu erleben,

die schwerelose Leichtigkeit beim Fallen.

Zusammen *mit* den tausenden Kollegen

da wehe, riesel *ich* vergnügt im Reigen,

wenn *wir* auf langer Reise *uns* bewegen,

um unsern federleichten Tanz zu zeigen.

Wir wollen weihnachtlichen Wunsch erfüllen,

die Erde sanft und rein mit Weiß bedecken,

die Felder, Bäume, Dächer weich verhüllen,

den Schmutz ganz *tief* im weißen Schnee verstecken.

Beim Fliegen gibt es viel für mich zu sehen:

Da gibt es Leute, *die* sind *sehr* in Hast -

so richtig *kann* ich *sie* gar *nicht* verstehen.

Die Unrast *sind* sie *selbst*, so mein' ich fast.

Ist *die* Kulisse *erst* einmal verbreitet,

sind Löcher, Steine der Natur verschwunden:

Flugs werden Winterspiele vorbereitet -

die Skier, Schlitten, *sie* sind schnell gefunden.

Wie *sehr* gefällt es *mir*, wenn Kinder rufen:

"Da *seht*! Es schneit, es schneit! Herbei, herbei!"

Ich werde festgedrückt von Schlittenkufen.

Die Kinder freut's, so *ist's* mir einerlei.

Wenn Thermometer wieder "Plus" anzeigen,

so *ist* es *an* der Zeit - ich schmelze *hin*

und lass' die Pegel der Gewässer steigen.

Vergänglichkeit führt *mich* zum Neubeginn.

Nachdenkliches

Wo springt die Zeit wohl hin?

Gibt es denn Schöneres, als in den goldenen Zeiten zu weilen?

Schade ist nur, dass die Zeit *leider* von Glück nichts versteht.

Eben an glücklichen Tagen, da *scheint* sich die Zeit zu beeilen,

hetzt an uns hastig vorbei, flieht wie vom Winde verweht.

Ist sie bereits auf dem Sprung, um ein anderes *Ziel* anzupeilen?

Sprunghaft erscheint uns die Zeit, *auch* wenn sie stetig vergeht.

Fühlen wir *uns* auch in dunkleren Zeiten behütet, geborgen?

Warten wir *dann* auf den Sprung *hin* zu der helleren Zeit?

Langsam laviert sich die schleichende Zeit durch die Täler von Sorgen.

Sprünge, sie kosten uns *Kraft, die* uns die Hoffnung verleiht.

Strahlen der Sonne verschlingen die Schwaden des Nebels am Morgen.

Jeder der Strahlen schenkt *Mut, macht* uns zum Aufbruch bereit.

Müde, gefangen umrunden die Zeiger die Zentren der Uhren.

Dies liegt der Zeit völlig *fern: Wenn* sie so springt kreuz und quer,

zeigt sie uns wildfremde Wege auf harten, ermattenden Touren.

Selbst auf dem steinigsten *Pfad, lohnt* sich der neue Weg sehr!

Stände nicht Stillstand im Widerspruch *zu* all dem Sein der Naturen?

Wandel ist Werkzeug der Zeit, Stillstand erträgt sie nur schwer.

Frohe Momente und Schläge des Schicksals lassen uns meinen,

Wandel wär' sprunghaft, abrupt, *brächte* uns Glück oder Pein.

Kaum jemand *wird* die Präsenz eines stetigen Wandels verneinen.

Wandel und Zeit sind ein *Paar.* Zeit wandelt Trauben in Wein.

Ewiger Lauf der Äonen lässt Sprünge als winzig erscheinen.

Wo führt der Wandel wohl hin? *Zu* einem besseren Sein?

Ein ganz schlimmer Finger

Wenn *Du* auf jemand zeigst, vor Wut ganz fürchterlich

empört, entrüstet fauchst: Vermeide das Entgleisen!

Denn *sei* Dir *wohl* bewusst: Drei weit're Finger weisen -

genau in *dem* Moment - geradewegs auf Dich.

Wenn *man* monieren will, den Zeigefinger streckt,

ist *es* nicht produktiv, gerade jetzt zu bohren!

Ist *er* am falschen Ort - wie Nase oder Ohren -,

dann sticht er nicht ins Ziel, verfehlt, was *man* bezweckt.

Wer *glaubt*, im Geld läg' Glück, soll hinter's Ohr sich schreiben:

Die Wärme, Empathie verdienen hohe Achtung,

doch *wollen* Geiz und Gier - in geistiger Umnachtung -

den Daumen wie geschmiert am Zeigefinger reiben.

Ganz unerträglich *ist* der Lärm der Quasselstrippen!

Hier *hilft* kein Widerwort, gefragt ist *ein* Bezwinger.

Und *jetzt* wird *er* zum Held - na wer? Der Zeigefinger!

Mit Zischlaut schiebt man *ihn* schön sichtbar *vor* die Lippen.

Nur: *Setzt* es spärlich *ein*, das Zeigefingerheben!

Es schickt sich nämlich nicht, nach angezog'nen Leuten

mit Finger nackt und bloß zu stechen und zu deuten.

Wer *ihn* zu oft erhebt, wird Abstumpfung erleben.

Ordnung ist das halbe Leben

Ist Ordnung g'rademal das halbe Leben,

so *ist* noch eine Hälfte uns verblieben.

Wonach soll'n *wir* in zweiter Hälfte streben?

Es *ist* ja *nur* der erste Teil beschrieben!

Da scheint das Sprichwort heimlich zu bezwecken,

- und *der* Verdacht beschleicht mich jäh, nicht sacht -

den zweiten Teil stillschweigend zu verstecken!

Sind *wir* nichts stets auf Parität bedacht?

Was *wär'*, wenn *der* versteckte Teil nichts *als*

das wüste, wilde, wirre Chaos wäre?

Wär'n Liebe, Hoffnung, Trost Produkt des Knalls

und *wir* aus Chaos-Staub (laut Urknall-Lehre)?

Chaotisch töricht tappten *wir* wie Toren

im Dunkel, dümpelten dort *dumpf* dahin

als fleisch-geword'ne Chaos-Attraktoren.

Das Sein besitzt so wirklich wenig Sinn.

Die Ordnung kann vielleicht aus Chaos-Stücken

Gebirge, Meere, simples Sein kreieren.

Jedoch wird *es* ihr niemals - niemals! - glücken,

den höchsten Wert des Seins zu generieren.

Ihr fehlt der wahrhaft relevante Teil:

Die Liebe, Hoffnung, Trost, sie liegen *in*

der wahren Schöpfung Hand - im Licht und Heil.

All *das* verleiht dem Dasein tiefen Sinn.

Das Sprichwort, *es* ist wahr! - fällt *mir* am Ende ein:

Die Ordnung, *sie* beschreibt nur *unser* halbes Sein!

Große Kleinigkeiten

Ob wir wohl *alle* das Leben verschwenden,

stets auf der Jagd nach der großen Erkenntnis?

Lassen wir *uns* vom Fantastischen blenden,

fehlt uns für's Wahre bald *jedes* Verständnis.

Suchet bescheiden, beharrlich das Kleine -

Größe heißt Kleines, Verstecktes zu sehen.

Auch wenn er schwerfällt, der Gang über Steine -

Wachsen heißt strauchelnd das Sein zu verstehen.

Hoffnungsvolle Apokalypse

Der Wandel des Klimas, Despoten und Kriege bereiten
uns Sorge, erzwingen das Handeln in heutigen Zeiten.
Solch Handeln erfordert jedoch auch empathische Züge:
Extremes Gedankengut kennen wir *noch* zur Genüge.

Wer *sieht* in der Ferne die apokalyptischen Reiter,
Gesandte des Todes, dahin galoppierende Streiter?
Sie werden nicht stoppen, vor nichts und vor niemandem
weichen.
Die Rösser, sie fliegen und werden ihr Ziel auch erreichen.

Vergehen und Werden sind höherer Macht vorbehalten,
doch liegt es an uns, die verbliebene Zeit zu gestalten.
Wir dürfen voll Hoffnung in Ruhe den Apfelbaum pflanzen,
das Leben vertrauensvoll führen - mit Singen und Tanzen.

Und *wenn* es auch schwerfällt, so *sollten* wir *uns* es verwehren,
der Freude am Leben, dem Frohsinn den Rücken zu kehren.

Wahrer Wert

Lasst *doch* die Raffgier Richtung Reichtum rennen:

All Mammon, Schnickschnack, Schmuck sind *schnell*

vergänglich.

Mit bloßem, blankem Herz darf *man* erkennen:

Wir *sind* für echte Empathie empfänglich.

Ich liebe, also bin ich

Platonisch lieben Philosophen -
und trotzdem pflanzen sie sich fort?
Was ist ihr liebstes Kosewort,
liebkosen sie gekonnt in Strophen?

"Dein Schein ist völlig formvollendet.
Selbst wenn Dein Sein nicht existiert,
fühlt sich mein Nicht-Sein fasziniert,
muss blinzeln, weil Dein Schein mich blendet."

Aus Scheines Glanz entspringen Triebe.
Ob Schein, ob Sein - das Paar erbebt
ganz fest umschlungen und erlebt
was wahrhaft existiert: Die Liebe.

Am Ende dürfen sie erkennen:
Man kann das Sein nicht ganz verneinen,
denn Liebe hat die Kraft, zu einen:
Der Schein ist nicht vom Sein zu trennen.

Der rhetorische Bär

Ein guter Redner trifft sein Ziel,

spricht klar, betont, mal laut, mal leise.

Ein Wort zu viel wär' nicht sein Stil -

die Worte wählt er vorher weise.

Bevor er *setzt* zum Sprechen an,

kann *man* die Stille knistern hören.

Erwartungsvoll schweigt jedermann,

denn niemand wagt es jetzt, zu stören.

Im Halbkreis schwenkt sein Augenpaar,

als *würd's* die Stille zelebrieren.

Gefesselt sitzt die Hörerschar,

scheint *nach* dem ersten Wort zu gieren.

Des Redners Ziel ist *bald* erreicht:

Mit Mimik, Gestik, Körperhaltung

bringt *er* die Worte federleicht

im Kopf des Hörers *zur* Entfaltung.

Doch Hörer, nimm Dich nur in Acht!

Was will der Redner Dir verkünden?

Missbraucht er *der* Rhetorik Macht,

zu sichern *sich* die eig'nen Pfründen?

Denn auch die Redner wissen, wie

sie kleine Lügen, Halbwahrheiten,

auch *die* Verschwörungstheorie,

gekonnt und wortgewandt verbreiten.

Auf grüner Wiese und im Saal

wird *man* auch schwarze Schafe finden.

Rhetorik zählt zur ersten Wahl,

um Hörern Bären aufzubinden.

Von Fotos und Schlagzeilen

Das Tosen eines Wasserfalls wirkt weich
auf *einem* Bild mit langer Filmbelichtung.
Die Zeit spielt Gischt und Schäumen einen Streich,
verleiht den Wassermassen mehr Gewichtung.

Bei Sonne, Blitz und kurzer Öffnungszeit
wird *ein* Moment nur auf das Bild gebannt
wie eine Scherbe *der* Vergangenheit.
Das Drumherum des Bilds bleibt unbekannt.

Auch Überschriften in der Tageszeitung
sind *oft* aus *dem* Zusammenhang gerissen,
beleuchten schräg den kurzen Augenblick.

Die fetten Lettern finden rasch Verbreitung:
Der schnelle Leser teilt sie ganz beflissen,
lässt Fakten einsam, klein gedruckt zurück.

Der Fengel und seine drei Wünsche

Am neuen Tag in müden Morgenstunden,
erschien mir *eine* Fee, bedrängte mich:
"Drei Wünsche, komm! Ich *geb'* Dir *drei* Sekunden!"
Die Fee schien *sehr* bestimmt, nicht zimperlich.

Ich gähnte – wünschend, *dass* mehr Zeit verbliebe:
"Was *fällt* Dir *ein*, mich *so* früh anzutreiben?
Ach, *sorg'* dafür, dass Hoffnung, Trost und Liebe
für immer *in* der Menschheit Herzen bleiben!"

Nach kurzem Zögern willigte sie *ein*:
"Dein Wunsch schien *mir* erst schwer, doch *ist* er leicht -
Ihr tragt die Werte *ja* in Eurem Sein!
So *ist* Dein Wunsch erfüllt, mein Zweck erreicht.

Mein Herr hat *sie* seit Menschheits Anbeginn
in Eure Herzen implantiert. Denn eben
die höchsten Werte seien Daseins Sinn.
Gefordert *seid* nun *Ihr*, danach zu leben."

Ein Laut drang *mir* ans Ohr - wie Schwingen-Schlagen;
die Fee verschwand als engelgleiches Wesen.
Solch' Fengel (*) lassen niemals Zeit für Fragen.
Wär' *jede hier* nicht *fehl* am Platz gewesen?

(*) Fengel: Neologismus aus Fee & Engel

Selbstwertschätzung

He *Du*! Ja *Du*

bist wertgeschätzt!

Bleib *einfach Du*

im Hier und Jetzt!

Die and'ren Ichs

sind *eh* besetzt

von *deren Ichs*.

Von Wahrheit und Lüge

Die Wahrheit *sei* uns *stets* ein hohes Gut -
wer *will* schon *mit* dem Lügenbold verkehren?
Die Lügner bringen *uns* zur weißen Glut -
zu Recht darf *man* sich gegen Lügen wehren.

Jedoch ist *unser* Leben *nicht* dual,
kennt neben harten Fakten *auch* Gefühl.
So gleicht die Wahrheit einem Ideal -
erstrebenswert, doch *nicht* als Lebensziel.

Mir scheint, dass nackte, grelle Wahrheit *dort*
im *ihr* gebührend weichen Schein erglüht,
wo milde Lüge Schatten *wirft*, ihr Wort
beschwichtigend, besänftigend erblüht.

Ach, könnte *man* die Wahrheit *ganz* leicht biegen,
wenn *sie* verletzt! Mitnichten *wär'n* das Lügen!

Gegen den Strom

Der Drachen braucht den Wind, um *in* der Luft zu bleiben.
Erst *durch* den Gegenwind gelingt es *ihm*, zu fliegen.
Ein toter Fisch wird *stets* im Fluss stromabwärts treiben,
denn Fische brauchen Kraft, die Strömung zu besiegen.

Ach, sprächen Fische *doch* mit hellen, klaren Stimmen!
Dann würde uns bewusst, welch Kunststück *sie* vollbringen,
dem Wasserstrom zum Trotz so elegant zu schwimmen.
Gleicht's *nicht* dem Adlerflug mit eindrucksvollem Schwingen?

Die wahre Lebenskunst wird uns nur *so* gelingen,
indem wir jeden Tag als neue Chance begreifen.
Wer Änderung ersehnt, muss täglich *um* sie ringen.
Der Wandel *sind* wir *selbst* - tief *in* uns *muss* er reifen.

Der Wunsch nach Änderung erschafft im Geist die Werke,
und starker Gegenwind erfordert Mut und Stärke.

Der Weg ist das Ziel (Parodie 1)

Der Weg sei das Ziel?
Da wird mir nicht bang,
der Wege sind viel!

Mein Weg führt entlang
am süßen Genuss
und kennt keinen Zwang.

Mir droht kein Verdruss:
Mein Weg ist bequem,
der Gang ist kein Muss!

So danke ich dem,
der dieses Ziel fand,
denn *mir* ist's genehm:

Ich *geh'* mit Verstand,
geh' manchmal auch *nicht*.
Die Zeit zieht ins Land -

auf Dunkel folgt Licht.
Viel Wein und Gesang
erweitern die Sicht.

Laut, schneidend erklang:

"Das Ziel ist der Gang!"

Der Ausruf entsprang

dem Quälgeist, der Pflicht.

PS: "Der Weg ist das Ziel" stammt vom chinesischen Philosophen Konfu-
zius, ca. 500 v.Chr.

Der Weg ist das Ziel (Parodie 2)

Ich frage *mich*, wie konnten *wir* das schaffen?
Wir schlugen *uns* durch Kriege, Schlachten, Wirren -
genau wie blinde, stumme, taube Affen -
um ohne Ziel und Sinn dahin zu irren.

Dann kommt ein Denker aus dem Orient,
doziert, wie *er* den Sinn interpretiert,
berät harmonisch, weise, kompetent;
"Der Weg sei euer Ziel", er resümiert.

Ihr braucht den Sinn, das Ziel nicht hinterfragen!
Der Philosoph, er *lässt* euch herzlich grüßen:
Hört auf, euch *mit* dem Suchen abzuplagen -
das Ziel liegt einen Schritt vor euren Füßen.

Von Zeiten und Sinnen

Was gestern noch erlebt, ist heute schon vergangen.
Die Zukunft *ist* geheim, sie *lässt* sich *nicht* erzwingen.
Was zählt ist *der* Moment, um Ziele *zu* erlangen -
welch kostbares Geschenk, um Taten *zu* vollbringen,
mit Mut und Fantasie ganz Neues anzufangen!

Was gestern *noch* erlebt, ist heute *schon* vergangen.
Die Zukunft *ist* geheim, sie *lässt* sich *nicht* erzwingen.
Wer *kennt* nicht *das* Gefühl von Zweifeln *und* vom Bangen?
Dies *ist* der Zukunftsgruß, die Furcht vor *dem* Misslingen.
Doch *auch* die Hoffnung winkt, erweckt in *uns* Verlangen
nach Liebe, Harmonie. Gedanken, Worten, Dingen
merkt *man* die Werte *an*, aus *denen sie* entsprangen.

Was gestern noch gelebt, ist heute schon vergangen.
Die Zukunft *ist* geheim, sie *lässt* sich *nicht* erzwingen.

(Reimschema: Rondel, französisch, Mittelalter)

Vom Glück

Ach Glück,

ach würdest *du* doch nie vergehen,

mir immerfort als Freund zur Seite stehen,

erglänzen *wie* ein frisch polierter Lack,

mir schenken stets Genuss, Gefühl, Geschmack,

mich *wie* der zarte Windhauch sanft umwehen!

Doch *wie* ist unserm Hans im Glück geschehen?

Von *dir* ließ *er* sich stets den Kopf verdrehen

und stand am Ende da mit leerem Sack.

Ach, Glück!

Als Lebensziel mag *ich* dich *nicht* verstehen,

Du *wirst* wie Wellen wogen, kommen, gehen.

Ach, Glück und Unglück, steigt mir auf den Frack,

treibt *ihr* mit *mir* nur euren Schabernack!

Als Gast bist *du*, das Glück, sehr *gern* gesehen.

Ach, Glück!

(Reimschema: Rondeau, französisch, Mittelalter)

Vom Glauben

Gott *gibt* es *nur* in eurer Fantasie.
Nach diesem Dasein *hier* ist Endstation;
ihr *seid* Produkt der Urknalltheorie.
All Religion ist pure Illusion;
ihr *braucht* nicht nach dem Trost, der Hoffnung fragen.
Es *gibt* Gott *nicht*. Vergesst auch seinen Sohn -
verblendet *sind* die Narren, *die* da sagen:
Natürlich *gibt* es *nach* dem Tod ein Leben -
mit Gottes Hilfe *werd'* ich *nicht* verzagen.
Vertrauensvoll will *ich* mein Antlitz heben;
wie *könnt'* ich meinen Glauben je verlieren?
Sieh, Gott hat *uns* den einz'gen Sohn gegeben;
Gott, Sohn und Geist, sie existieren.

PS:
Ihr findet, das Gedicht wär' *schlecht* gewesen?
Vielleicht könnt *ihr's* noch *mal* - von unten - lesen?

Gedichte mit Bezug zur Coronavirus-Pandemie

Corona und der Frühling

Den Frühling *mag* ich *nicht* genießen!
In diesem, *ach*, so tristen Jahr
ist's *mir* egal, ob Triebe sprießen.
Den Frühling *mag* ich *nicht* genießen,
wenn Tränenmeere sich ergießen.
Nichts wird mehr *sein,* wie *es* einst war!
Den Frühling *mag* ich *nicht* genießen
in diesem, *ach*, so tristen Jahr.

Den Frühling *darf* ich *heut* genießen -
die Blütenpracht, den Sonnenschein!
Wer *wollt'* den Frohsinn *mir* vermiesen?
Den Frühling *darf* ich *heut* genießen!
Corona *darf* mich *nicht* verdrießen,
der Winzling *wird* bald kraftlos sein.
Den Frühling *darf* ich *heut* genießen -
die Blütenpracht, den Sonnenschein ...

(Reimschema: Verdoppeltes Triolett, französisch, Mittelalter)

Leid und Aufbruch

Der Virus nimmt sich, *was* das Seine ist.
Zur Pandemie hat *er* sich ausgeweitet,
voll Unbarmherzigkeit und Hinterlist
exponentiell den Tod, die Angst verbreitet.

Und doch! Ein Blick hinaus in die Natur,
erhascht das Blütenmeer, das Grün der Triebe.
Das Bild schenkt lindernd Trost - wie eine Spur
von Hoffnungs-Öl auf knirschendem Getriebe.

Der Abstand wächst, doch *auch* die Empathie:
Die warmen Worte wählen *wir* beim Grüßen,
benehmen *uns* mit Rücksicht *wie* noch nie.
Trat *man* zuvor nicht Mitgefühl mit Füßen?

Mir scheint, als könnte *es* dem Leid gelingen,
den Aufbruch hin zum Guten zu erzwingen?!

Zurück zu den Wurzeln

Ist es nicht haargenau *wie* es einst *war* in den siebziger
Jahren:
"*In*" fühlen *wir* uns mit *urigen* Bärten und wallenden
Haaren.
Tanken ist *billig*, es *lohnt* sich fast *gar* nicht, am Treibstoff zu
sparen.
Damals, wie *heute*, da *müssen* wir Hausarrest schmerzhaft
erfahren.

Die Geschichte vom weisen Sammler

Das Geld, das Brot braucht *man* zum Überleben,
doch *ist's* kein Daseins Ziel, nach Tand zu streben.
Geld scheint dem Sammler Sicherheit zu geben -
hilft *ihm* das Haben, *sich* hervorzuheben?

Da spürt er plötzlich plagend wie noch nie:
"Aus *dem* Besitz, da wachsen, wuchern Pflichten,
die kosten Kraft und rauben Energie -
ich *muss* das Haben niedriger gewichten!"

So schafft's der Sammler, sorgsam umzukehren,
sich *auf* die wahren Werte zu besinnen.
Nun hält er Liebe, Hoffnung, Trost in Ehren,
lässt *lässig* lächelnd Hab und Gut verrinnen.

Zuerst spürt er ganz sanft der Freiheit Flügel schwingen,
dann *sieht* er *erst* die Pflicht, dann Zwänge, Mauern wanken,
hört Freiheit glockengleich und grenzenlos erklingen.
Aus Mauertrümmern rankt die Freiheit der Gedanken.

2020 in den Geschichtsbüchern

Wenn *wir* zurück in die Geschichte blicken,
gleicht zwanzigzwanzig einer Monsterwelle.
Sie *ließ* so manchen Traum im Keim ersticken,
trat *in* die Wirtschaft *eine* tiefe Delle.

Noch kleiner *als* der kleinste Urzwerg-Reiter [*],
so machte *sich* ein Virus weltweit breit,
vermehrte *sich* dann weit und immer weiter:
Bewährtes *war* im Nu Vergangenheit.

Millionen Menschen mussten weltweit sterben,
nur *weil* ein kleiner Winzling pandemierte.
Die grenzenlose Freiheit lag in Scherben,
und *auch* der Menschheit Hoffnung kollabierte.

Aus *all* den Ängsten, Leiden, tief im Dunkeln,
entsprang urplötzlich *wie* zum Trotz der Mut -
zunächst als leichtes, sanftes Glühen, Funkeln,
doch züngelten bald Flammen *aus* der Glut.

Die Funken flogen, sprühten Energie
des Aufbruchs *hin* zu einem bess'ren Sein.
Die Menschheit lernte, schätzte *jetzt* wie *nie*
davor den wahren Wert als wertvoll ein.

Die Machtgier, Krieg, Gewalt und Hass, sie schwanden
im Geist der Aufbruchstimmung schnell dahin.
Letztendlich *hat* der Mensch sein *Ich* verstanden,
fand Frieden, Liebe, Harmonie als Sinn.

So hatten es in jener Zeit die Ahnen
geschafft, mit Mut den rechten Weg zu gehen.
Schon damals ebneten sie *uns* die Bahnen,
die *wir* seitdem als gang und gäbe sehen.

Den Ahnen haben *wir* es zu verdanken,
dass *wir* im milden Schein der Werte weilen,
die Freiheit, Nächstenliebe ohne Schranken
genießen *und* mit allen Menschen teilen.

[*] Der "reitende Urzwerg" ist das derzeit kleinste bekannte
Lebewesen der Welt, ein Bakterium im Meer vor Island.
(s. https://mobil.stern.de/panorama/wissen/natur/biologie-kleinstes-lebe-
wesen-der-welt-entdeckt-3214356.html, Zugriff am 4.9.2020)

Von Kunst und Dichtung

Die Kunst und der Genuss

Lauschet den herrlichen Klängen der klassischen Terzen,
schwebenden, schwingenden Tönen der Geigen! Sie klingen
streichelnd hinein in die weithin geöffneten Herzen.
Was *kann* das Tönen *in's* Gemüt uns singen?

Leset die lyrischen Verse des Werks des Poeten!
Reime mit Bildern und rhythmischen Worten erwecken
neue Gedanken und lassen uns Neuland betreten.
Was *will* der Dichter *mit* dem Text bezwecken?

Sehet die feinen Gemälde des Malers im Saale!
Leuchtende Farben, Kontraste, Konturen bescheren
magische, stille Momente - kaum *zählbare* Male.
Was *mag* der Maler *uns* im Bild erklären?

Lasset uns Kunst fantasievoll und schwelgend genießen.
Sie bringt Gedanken, Gefühle ästhetisch mit feinen
Werken berührend in Einklang, um *sie* zu erschließen.
Nur Kunst kann Kopf und Herz harmonisch einen.

Die Muse und der Sinn

Nur Fragen, Fragen, nichts als off'ne Fragen -
nach Sinn, nach Werden, Wachsen, Tod und Seelen!
Im irdisch' Sein wird *uns* die Antwort fehlen,
wenngleich Poeten *sie* beständig jagen.

Ob *denn* die Muse Dichter inspiriert,
zu brüten über Daseinssinn und -ende,
auf *dass* ein Versschmied *doch* die Antwort fände?
Welch Lyriker hat *dies* noch *nicht* probiert!

Eventuell verhält sich's umgekehrt:
Sucht *ein* Poet den Sinn der Existenz,
erwacht die Muse jäh und zeigt Präsenz.
Wie *dem* auch *sei* - das Thema ist begehrt.

Das virtuose Genie

Ich *saß* so *da*, genoss ein schönes Bild
mit feuerrotem Klatschmohn, grünen Wiesen;
es *war* so eindrucksvoll und dennoch mild.
All Sinnen *ließ* ich los, um zu genießen.

Doch kehrten *die* Gedanken flugs zurück,
erstickten jeden Funken Fantasie
und fragten: "Wer erschuf dies Meisterstück,
der Maler war gewiss ein Kunst-Genie?"

So *war* es *auch*: Monet schuf *diese* Pracht.
Nur - *wie* erhält ein *Mensch* die Fähigkeit,
wer *ist* mit Genialität bedacht?
Braucht *man* Talent gepaart mit Zähigkeit?

Liegt, schlummert *solch* Talent in unsren Genen,
das *die* Begnadeten in Anspruch nehmen?
Hieß' *dies* für jene, *sich* zurückzulehnen,
sich *ab* und *an* zum Schaffen *zu* bequemen?

Ach, hätte *ich* doch *nichts*, als *nur* genossen!
Die Flut von Fragen hätte mich verschont,
seicht *wär'* die Fantasie dahingeflossen ...
Doch halt! Noch *eine* Frage, die sich lohnt:

Liegt *nicht* in jedermann das Potenzial,
sein Schaffen virtuos zu inszenieren?
Wir *alle sind* Genies, sind genial;
es *zeigt* kaum jemand, weil - wir *uns* genieren!

Ein lyrisches Erlebnis

Warum zum Kuckuck schreib' ich ein Gedicht?
Verspreche ich mir davon ein Ergebnis?
Was *ist* mein Ziel, worauf bin *ich* erpicht?
Die beste Antwort liefert *ein* Erlebnis:

Spätabends wollte *ich* den Tag beschließen,
ging *vor* dem Haus entspannt, gelöst spazieren.
Gedanken wollten nicht mehr sprudeln, fließen
und durften sich im Nichts der Nacht verlieren.

Durch's Dunkel spießten plötzlich grelle Kegel:
Abrupt gebremst hielt *dicht* vor *mir* ein Wagen.
Die Tür sprang auf. Ein muskulöser Flegel
lief *auf* mich zu. Mir wurde flau im Magen.

Der Typ, er holte aus. Ich *war* erstarrt.
Der Schweiß brach aus, der Puls, er raste. Die Hand,
sie senkte sich - zwar schwer, doch gar nicht hart -
bis *sie*, fast *sanft*, zu meiner Schulter fand.

Beim Schulterklopfen sprach der Unbekannte:
"Dein Buch ist Klasse, *ich* mag *es* total.
Und *das* Gedicht, in *dem* die Kerze brannte,
das *hat* mich sehr berührt, ist *so* genial!"

Ich fand kaum Zeit mich artig zu bedanken,
die Spannung musste *sich* erst *noch* entladen.
Der Mann, der Wagen, Rückleuchten versanken
im Nu im Nichts der Nacht, in Nebelschwaden.

Es *war* nicht durchwegs freudig, mein Erlebnis -
ich wünsche *es* mir *nicht* für jede Nacht!
Doch ja! Es *war* - ein greifbares Ergebnis.
Mein Traum danach war ruhig, sanft und sacht.

Die Dichtkunst

Gedicht ist *der* Versuch, die flüchti*gen* Gedanken
aus *einem* fremden Kopf - gemalt in bunten Bildern,
abstrakt, doch *auch* konkret - mit Rhythmus zu umranken.

So *schafft* es *der* Poet, uns *unser'n* Traum zu schildern.

Brillantem Meisterwerk wird grandios gelingen,
selbst scheinbar klaren Wert erneut zu hinterfragen,
Verstand und Fantasie gefühlvoll zu umschlingen.

Die Verse werden *weit* hinein ins Herz getragen.

Das Echo und der Reim

Wie *gern* hört *man* das Echo widerhallen,
wenn Wellen *von* den glatten Wänden prallen
und Silbenenden *gleich* den Reimen schallen.
Bei Jung und Alt erweckt es *stets* Gefallen.

Dies Hallen *darf* uns keinesfalls entfallen!
Nein, *nein*, Gereimtes möge ewig hallen,
als Wogen rauschend *durch* die Herzen wallen,
sich unvergesslich *in* die Verse krallen.

Die Lyra *sollt'* sich *in* den Reim verknallen,
euphorisch reimend ihre Fäuste ballen!
Die Reime würden wieder neu erschallen;
moderne Lyrik würde klingend hallen.

(Das Gegenteil vom Reimen ist das Lallen,
weil Silben-Enden dabei meist entfallen.)

Gemischtes

Tag des Buches und des Bieres

Am dreiundzwanzigsten April - das fiel
mir gestern ein - jährt sich der Ehrentag
von Buch und Bier. Da *ich* sie Beide mag,
wollt' *ich* sie lyrisch ehren - *so* mein Ziel.
Gegrübelt *hab'* ich, *war* schon *kurz* vor'm Scheitern:
"Was haben *bloß* – das Bier, das Buch gemein?
Ist's *nur* das "B", die kurze Silb' allein?"
Ein Bier musst' *meinen* Horizont erweitern.

Ägypter haben Bier und Buch erfunden:
Sie *hatten* halb geback'nes Brot vergoren,
sich Pergament zum Lesen auserkoren
und ließen sich den Brau-Saft lesend munden.
Dann *noch* ein Bier - um *meinen* Blick zu weiten ...
Und *so* geweitet durfte *ich* erfahren:
Die Beiden gibt es seit achttausend Jahren!
Birgt *lange* Zeit nicht *stets* auch schöne Seiten?

Seh' *ich* ein Glas mit Bier sich *sanft* beschlagen,
den Trunk im letzten Sonnenstrahl erglühen,
als weiße Krone seine Blume blühen,
spür' *ich* beim Anblick inneres Behagen.
Nach *ein* paar kühlen Krügen, *nun* im Dunkeln,
entschweift mein Blick zum Firmament empor.
Beim Heimweg - kurvenreich wie *nie* zuvor -
seh' *ich* die Sterne, manche doppelt, funkeln.

Doch auch ein Buch mit seinen vielen Seiten
lässt *die* Gedanken *in* die Ferne schweifen,
kann mich ganz sanft berühren und ergreifen,
entführen *in* die guten, alten Zeiten.
Natürlich *kann* ein Buch auch trocken sein.
"Das Bier ist *das* mitnichten!", *hör'* ich sagen?
Da *müsst* ihr *mal* den Blick nach Jever wagen:
Das Zeug ist friesisch trocken - trinkt's allein!

Es liegt ein herzerwärmender Genuss
in diesem Paar, so *darf* ich resümieren -
das Bier, das Buch kann meisterhaft brillieren.
Genießt in Maßen, *dann* droht *kein* Verdruss.
Wie *wird's* in Zukunft unsren Beiden gehen?
Wird *das* Papier im Lauf der Zeit verschwinden,
man Texte *nur* noch elektronisch finden?
Tja, *dann* gewänn' das Bier - wir *werden* sehen.

Altweibersommer

Manch alte Worte müssen *wir* ersetzen
zum Schutz der Minderheiten *vor* Brüskierung.
Solch Worte dürfen *nie* jemand verletzen,
und niemand *schuf* sie *zur* Diskriminierung.

Die Worte "Negerkuss" und "Mohrenkopf",
sie klangen unbewusst aus *unsrem* Mund -
weint *ihm* nicht *nach*, dem abgeschnitt'nen Zopf!
Der "Schaumkuss" *ist* genauso ungesund.

Zigeunerschnitzel *sind* zigeunerlos,
im Jägerschnitzel *steckt* kein Jäger drinnen.
Wie *werden* wir "Altweibersommer" los -
als "Wohlfühlwetter für Senior/-innen"?

All *die* Ersetzung *will* uns *nicht* behagen?
Auf *keinen* Fall woll'n *wir* uns deshalb grämen.
Was *ist*, wenn *uns* einst Kindeskinder sagen:
"Waaas, Negerkuss? Ich *muss* mich *für* Euch schämen!"?

Kraftvolle Fortbewegung

Wir lernen *aus* dahin gefloss'nen Zeiten.

Nur rückwärts blickend werden *wir* verstehen,

doch Rückwärtsgehen *ist* uns *nicht* erlaubt:

Die neuen Wege wollen *wir* beschreiten,

im Vorwärtsgang ins Unbekannte gehen.

Der Pfad ist manchmal steiler als geglaubt.

Gleicht Leben *nicht* der Kraft beim Fahrradfahren?

Man *muss* nach Kräften treten, *sich* bewegen

trotz langem Berg, trotz starkem Gegenwind,

allein schon, *um* das Gleichgewicht zu wahren.

Ein langer Blick nach hinten *wär'* verwegen,

weil *vor* uns häufig Hindernisse *sind*.

Wahlniederlage

Brutal wie *ein* Tyrann hast *Du* regiert.
Gesetze tratest *Du* bewusst mit Füßen,
hast Freund wie Feind auf's Schlimmste schikaniert.
Die vielen Virentoten lassen grüßen!

Gesunde Wirtschaft *war* Dein einzig Ziel,
die Armen, Schwarzen, Schwachen, Kranken passten
natürlich *nicht* zu Deiner Art von "Deal".
Nur "Fake News" schrieben Medien, *die* Dich hassten.

Von Macht besessen *in* der Welt aus Schein,
so lebtest *Du* und durftest *nicht* verlieren.
Die Niederlage schien Dir *fremd* zu sein,
doch bleibt Dir *nichts*, als *sie* zu akzeptieren.

Nun stürzt die Schweinwelt ein, und Du wirst spüren:
Nicht Viele konnten Dich tatsächlich leiden -
Du *warst* nur Zweck, sie *auch* empor zu führen.
Sie *sind* schon *weg* - sie gratulierten Biden.

Die Macht der Einsamkeit wird *auf* Dich warten!

Nie wieder *wirst* Du Ziel von Lob und Neid,

die Flut von Häme, Klagen *wird* jetzt starten.

Du *hast's* verdient - und *doch*: "Du *tust* mir leid!".

Der Traum vom Mond

Todmüde *lag* ich *wach* nach einem schlechten,
verworr'nen Traum. Er *war* nur Spinnerei,
wie *man* sie manchmal träumt in Vollmondnächten.

Die Zeit der Nacht war *längst* noch *nicht* vorbei,
doch Denken *ließ* das Schlafen *nicht* mehr zu:
Im Traum war unser runder Mond ein Ei!

Just dieser Teil des Traums - er *wollt'* partout
nicht *mein* Gehirn verlassen, hielt Gedanken
am Kreisen, Kurven, Kräuseln - gab *keine* Ruh.

Noch *müde* musst' ich *zum* Computer wanken
und googeln *nach* des Mondes Wesen,
um *so* Trabanten-Wissen nachzutanken.

"Die Mond-Form gleicht dem Ei ...", stand *hier* zu lesen. [*]
Wir würden stets die spitze Seite sehen:
"... er *scheint* nur *rund.*" Mein Traum ist *wahr* gewesen!

Erst nach und nach begann ich, zu verstehen:
Der ganze Traum war *nichts* als Wahrheit pur -
und *die* vergaß ich, *ließ* sie *mir* entgehen!

Von *all* der Wahrheit blieb - der Mond mir *nur* ...

[*] https://www.leifiphysik.de/astronomie/planetensystem/aus blick/wirkung-der-gezeitenkraft-auf-den-mond, Zugriff: 04.09.2020

Zeitreise mit dem "einst"

Wenn Stille schmatzend den Moment verschlingt,

wenn Hier und Jetzt sich trennen, *sich* verlieren,

wenn Raum der Raub der Gegenwart gelingt,

wird *"einst"*, das Wunderwörtchen, triumphieren.

Das *"einst"* wirft *die* Gedanken weit zurück

in *eine* ferne, fast vergess'ne Zeit.

Mit *einem* klitzekleinen Körnchen Glück

wird *"einst"* einst *sein* in *alle* Ewigkeit.

Eine kardiologische Oper

In unserem Gehirn - das *ist* bekannt -
da jagen *die* Gedanken durch Neuronen.
Doch neben *der* Vernunft und *dem* Verstand:
Wer *weiß* wo die Gefühle strömend wohnen?

Das Herz, es tickt und pumpt den Strom aus Blut.
In *diesem* Fluss gedeihen die Gefühle,
vermischen sich, erzeugen neue Brut
im warmen Strom. Hier *ist* kein Platz für Kühle!

Verbrauchte Gefühle, sie schießen von unten, von oben
mit Hilfe der Venen wild wirbelnd und gurgelnd heran -
und kommen nach *rechts* in den Vorhof des Herzens gestoben.
Drei Segel, sie zeigen den Zutritt zur Herzkammer *an*.

Die müden Gefühle benötigen *ganz* dringend Nahrung,
sind *sie* doch vom Weg durch den Körper schon sichtbar gestresst.
Der Muskel der Kammer, er *weiß* dies aus *langer* Erfahrung:
Mit Druck wird der Strom in die Richtung der Lunge gepresst.

Dort *werden die* Gefühle runderneuert,
in Sauerstoff gehörig mariniert.
Von liebevoller Energie befeuert
wird *nun* der linke Vorhof anvisiert.

Die freudigen Emotionen sind *schon* auf den Wegen,
passieren gemeinsam das Venenquartett mit dem Ziel,

dass *alle* sich zügig zum linken Herz-Vorhof bewegen;
von *dort* geht es drängelnd durch's *enge* Zwei-Segel-Ventil.

Im linken Ventrikel, hier sammeln sich *alle* schnell an,
entspannen sich *kurz* für die Reise zum letztlichen Ziel.
Der Muskel der Kammer, er *zieht* sich zusammen, und *dann*
verströmt unser Herz durch Arterien Blut und Gefühl.

Den *ganzen* Körper - Kopf bis Fuß -, umkreist
ein Strom aus Liebe, Hoffnung, Energie.
Auch *unser* Herz wird *mit* Gefühl gespeist
durch feine Kranzgefäß-Anatomie.

Das Herz, es *schlägt*, es tickt, es pumpt, es presst
und findet niemals Zeit, um ruhig zu rasten.
Schon ungeboren *wird* es *stets* gestresst -
das *kann* das stärkste Pumpwerk *schwer* belasten.

Kommt es raus aus dem Rhythmus, wird es stolpern -
der Arzt verschreibt dann taktvoll seine Drogen.
KoOommt es gaAar zum Flattern, Flimmern, Holpern,
veröden es Elektrophysiologen.

Bringt *Altern* Kranzgefäße *zum* Verstopfen,
steh'n Kardiologen *voll* Gefühl bereit,
bekämpfen *wild* entschlossen Kalk und Pfropfen:
Ballons und Stents, sie schaffen Offenheit.

Trikuspidal- und Pulmonal-, Mitral-,
Aorten-Klappen: Abgestimmt sind *sie* -
wie Instrumente im Orchestersaal.
Klappt's *nicht*, geht's *in* die Kardiologie.

So *gebt* dem Kopfe, *was* des Kopfes ist -
Philosophie in Schwarten ohne Gnade!
Zeig' *Du* dem Herz, dass *Du* gefühlvoll bist,
schenk' *ihm* Gefühle, Wein und Schokolade!

Augenzwinkerndes

Zwei Schwestern

Ich kannte *da* einmal zwei Schwestern,
die waren eine pure Augenweide.
Es kommt mir fast so vor, als war's erst gestern:
Sie faszinierten mich, ich mochte Beide.

Die *eine* nannte sich die Lange Weile,
war ruhig, nie in Eile, nie in Hast.
Die *andre* trug den Namen Kurze Weile,
war voller Umtrieb, kannte keine Rast.

Die *eine* riet mir, *mich* doch *zu* entscheiden,
bequem zu leben ohne Abenteuer,
all Wagnis, Wirbel und Esprit zu meiden.
Ich *misste* Lebenslust, die Glut, das Feuer.

Die *and're* warb für's prickelnde Erleben
von Höhenflügen, auch von Tiefs und Dellen,
empfahl mir, *selbst* in Kehren Gas zu geben.
Ich *fühlte* Furcht vor Schluchten, hohen Wellen.

Am Ende wollte *ich* die Wahrheit sagen:
Am besten würde *ich* die Mischung finden,
sie Beide mögen, *es* mit Beiden wagen.
Ich *sah* sie *nur* noch schemenhaft verschwinden.

Gemeinsam *ließ* das Paar sich *nicht* mehr blicken,
nur mehr getrennt kann *ich* sie manchmal sehen.
Ob *wohl* der Streit sie *trennt*, die beiden Zicken?
Kein *Mann* der Welt wird *Frauen je* verstehen.

Der Computer-Flüsterer

Da *saß* ich neulich reichlich spät und müde
am Rechner, klickte ohne tief'ren Sinn herum.
"Sind Sie ein Roboter?" - ich fand das rüde! -
erschien am Bildschirm, anonym und stumm.

Doch *als* ich *mich* in ihn hineinversetzte,
den Laptop so alleine stehen sah,
da wusste ich, dass *ihn* ein "Nein!" verletzte,
erbarmte *mich* des Rechners, klickte "Ja!".

Als Freund hat *mich* der Laptop akzeptiert!
Die Platten laufen flüsternd, wie geschmiert,
die Updates werden pünktlich installiert -
Wann hatte *dies* denn jemals funktioniert!

Als "Laptop-Psychologe" *darf* ich sagen:
Behandelt Euren Rechner stets mit Stil;
vertraut ihm *und* geht *ein* auf seine Klagen!
Er *wird* Euch überraschen - läuft stabil.

Der hinkende Vergleich

Mein Freund, er zieht so gern Vergleiche,
spricht neuerdings nur *noch* in Bildern,
auf *dass* er damit schnell erreiche,
komplexen Kram gekonnt zu schildern.

Und *so* vergleicht er *vor* sich *hin* -
Orangen, Äpfel, Birnen, Feigen.
Ergeben solche Bilder Sinn?
Natürlich *nicht* - ich *werd's* ihm zeigen!

Mein *Freund*, lass *die* Vergleiche sein -
sie hinken ähnlich stümperhaft,
wie jener Mann mit *einem* Bein
bei jener Po-Tritt-Meisterschaft.

Das Loch im Netz

Auf meinem Tisch, da liegen Mandarinen
- die Früchte sicher süßlich, weich und mild -,
doch *mein* Gedankenstrahl, er *gilt* nicht ihnen.

Er gilt dem roten Netz, das *sie* umhüllt -
Gewerk aus nichts, als Löchern, Faden, Knoten -,
worein das Obst zum Tragen *wird* gefüllt.

Mir scheint, es *ist* hier unbedingt geboten -
bei meiner Neugier *kann* ich's *nicht* vermeiden -,
das Wesen dieses Kunstwerks auszuloten.

Ein bisschen Schmerzen *muss* das Netz erleiden -
der *sich* durchaus geziemt bei Forschungszwecken -,
als *ich* beginn', ein Fädchen durchzuschneiden.

Wie spannend *ist's* doch, Neues zu entdecken -
geheimste Forschungsarbeit *im* Labor!
Ja, *selbst* dem Netz wird *mein* Ergebnis schmecken:

Die Loch-Zahl *ist* geringer als zuvor!

Das magische Duschhandtuch

Mein Herr ist ein hygienischer Geselle,
duscht *jeden* Morgen; *er* weiß *auch* warum:
Denn *ohne* wechselwarme Wasser-Schwälle,
da *lief* der stundenlang im Tran herum.

So braust der Brause Brausen *auf* ihn nieder -
mal warm, mal kalt, mal mit, mal ohne Duft.
Vom Nass geweckt erklingen schräge Lieder,
und *ich* weiß, *dass* bald *meine* Arbeit ruft.

Ich wusle Haare, Schultern, Antlitz, Nacken
und rubble Rücken, Brust und Waschbrettbauch,
dann Waden, Knie, Schenkel, Hüfte, Backen -
selbst Füße küsse *ich* ihm nach Gebrauch.

Ihr seht, mein Job ist hart. Er dient dem Zweck,
ist *nicht* das Daseinsziel, das *ich* ersehne.
Mein Trick: Oft wechsle *ich* geschickt den Fleck -
von Kopf nach Fuß, entsprechend *der* Hygiene.

Bevor mein Herr das Bad erfrisch verlässt,
hängt *er* mich *für* das Duschbad morgen auf.
Am Handtuchwärmer baumel *ich* durchnässt;
hygienische Magie nimmt *ihren* Lauf ...

Ich folge meiner Pflicht, wie vorgeschrieben:
Ich muss vergessen, ruhen und verdrängen,
mit welchem Fleck ich *habe wo* gerieben -
bis morgen blütenrein bei *schrägen* Klängen.

Die kontinuierliche Spende

Die Weihnachtszeit ist reiche Spendenzeit;
selbst harte Herzen werden weich und weit.
Erfüllt, ergriffen von Betriebsamkeit
steh'n Kirche, Klubs, Verbände jetzt bereit.

Beim Zuschau'n lasse *ich* es *nicht* bewenden:
Mein weicher Kern, er *sucht* mit vollen Händen
den guten Zweck, um *dem* sich zuzuwenden
und fröhlich, freudig, festgemäß zu spenden.

Ich gebe gerne - jedes Jahr auf's Neue -,
erweis' dem Spendenritual die Treue,
auf *dass* sich *der* Empfänger strahlend freue.
Natürlich spende *ich* nicht ohne Schläue!

Vor langer Zeit - ich weiß nicht sicher, wann
genau es war -, da fing ich an, begann
zu spenden. *Die* Barmherzigkeit gewann,
obsiegte gegen Geiz und Gier - und dann?

Im Jahr darauf hab' ich es sehr genossen:
Ein Teil der Spende *kam* zurückgeflossen
mit Grüßen *von* Finanzamt und Genossen.
Ich *hab'* die Summe vorerst weggeschlossen.

Sie konnte *ich* an Weihnachten spendieren,
beim Fiskus später wieder deklarieren.
Dies setz' ich fort, muss niemals investieren,
kann *mich* jedoch als Spender präsentieren.

Ihr *seht*, man *muss* nicht *all* sein Geld verschwenden,
will *man* mit edlem Spenderherzen blenden.
So brüste *ich* mich ehrenwerter Spenden.
Nein, *meine* Spenden werden niemals enden.

Die Mindesthaltbarkeit

Auf Lebensmitteltüten, -dosen, -flaschen
warnt - winzig klein gedruckt, oft auch als Kerben,
versteckt an Böden, Deckeln oder Laschen -
die Mindesthaltbarkeit vor dem Verderben.

Doch *wer* denkt hierbei *an* die Kannibalen,
die *eben* furchtbar gerne Menschen essen?
Bereiten denen alte Menschen Qualen
und junge *sind* für *sie* Delikatessen?

Ein Datum *für* die Mindesthaltbarkeit,
das sollte *auf* dem Menschen prangen. Hierzu
böt' *die* Geburt bereits Gelegenheit:
Die Nabelschnur durchtrennt, dann *ein* Tattoo!

Auch eine Inhaltsliste fänd' Gefallen:
Welch Stoffe, Gifte *und* Medikamente
befinden *sich* in Herzen, Lebern, Gallen?
Sind Innereien fettig, zäh, al dente?

Weil *das* Gemenge zeitlich variiert,

müsst' *man* die Liste aktualisieren,

sonst *wär'* sie bald veraltet, antiquiert.

Mein *Tipp* wär', einen Chip zu implantieren.

Die Datenschützer würden protestieren,

korrekt und pflichtbewusst Bedenken schüren.

Fakt *ist*, dass *alle* Daten existieren;

Experten könnten *sie* zusammenführen.

Ihr *denkt*, der Vorschlag ginge Euch zu weit?

Wacht *auf*! Er *ist* zum Schutz der Minderheit!

Poetische Geometrie

Es *war'n* einmal *zwei* Geraden,
die hatten so *viel* gemein.
"Ein Treffen würd' *uns* nicht schaden!",
lud *eine* die andere ein.
Jedoch schlug das Treffen fehl:
Das Pärchen war parallel.

Zwei *and're* Geraden liefen
genau aufeinander zu,
bemerkten sich *schnell* und riefen:
"All *das*, was ich brauche, bist Du!"
Sie durften sich einmal schneiden,
um ewiglich *sich* zu scheiden.

Unzählige *von* Tangenten,
sie *liebten* den *einen* Kreis.
Bei *so* vielen Konkurrenten,
da *wurde* dem Kreis ganz schön heiß!
Sie *wollten* den Kreis verführen
und durften ihn *nun* berühren.

Es trafen sich schlaue Kreise,

die kreiselten überlappt -

behutsam und still, ganz leise.

So wurden sie *niemals* ertappt.

Auch *wenn* schon so Mancher unkte,

das Paar fand zwei *feste* Punkte.

Geschmeidige Sinuswellen,

die fanden sich unverhofft

und wogten gekonnt in schnellen

Bewegungen - *sanft* und recht *oft*.

Sie steigerten *die* Frequenzen,

und *liebten* sich *ohne* Grenzen.

Senryûs und Haikus

Ein kurzes Wort zu den Senryûs und Haikus:

Beide Gedichtformen entstammen ursprünglich der japanischen Kultur, wo sie seit dem 17. Jahrhundert einen festen Stellenwert besitzen. Jedoch verbreiteten sie sich mittlerweile weltweit. [1]

In der deutschen Sprache werden die japanischen Moren durch Silben ersetzt, so dass ein Senryû oder Haiku ein 17-silbiges, dreiversiges Gedicht (5 - 7 - 5 Silben) ohne Titel darstellt.

Während das Senryû sich mehr mit besinnlichen Themen befasst, weist das Haiku starken Natur-Bezug auf.

[1] Wikipedia, https://de.wikipedia.org/wiki/Haiku, (Zugriff am 22.12.2020)

Besinnliches: Senryûs

Die Bürokratie
zermahlt Gefühle zu Staub,
füllt Feinstaubsäcke.

Genuss fällt nicht leicht.
Selbst das Schwelgen in der Kunst
kann ein Kunststück sein.

Zwei Spieler schweigen
am schwarzweiß-karierten Brett.
Lauernde Stille.

Die Erde faltet
mächtige Gebirge auf.
Menschen falten Haut.

Wir verschwenden Zeit.
Zeit als Geschenk entspringt dem
empathischen Herz.

"Der Weg ist das Ziel."
Was für ein Riesen-Fauxpas
des Übersetzers!

Ist der Anschein wahr?
Liefern Sinne Schein und Trug?
Nichts ist sonnenklar!

Wir tragen Masken.
Wo liegt unser wahres Ich?
Wohlversteckt - im Kern.

Angst gebärt den Mut,
im Leid entsteht die Hoffnung.
Stillstand weicht Aufbruch.

Ist alles Neue
nur vergessenes Altes?
Schreiben konserviert.

Bäume melken Milch
der letzten Sonnenstrahlen
aus Aschewolken.

Beschwichtigend schön
wirft die Lüge Schatten auf
die nackte Wahrheit.

Woher stamme ich?

Sind denn Liebe, Hoffnung, Trost

Urknall-Abfälle?

Das Huhn legt ein Ei,

lacht laut, überheblich los:

"Wer war zuerst da?"

Zyklus der Jahreszeiten: Ein Haiku für jede Woche des Jahres

Vier Jahreszeiten
stehen für Werden, Wachsen,
Vergehen, Stille.

Aus Knollen treiben
prachtvolle Blütenstände,
zeugen vom Frühling.

Triebe und Blüten
strecken sich aus dem Versteck,
winken zur Sonne.

Tulpen, Narzissen
spielen Boten des Frühlings.
Das Farbenmeer wogt.

Säfte durchströmen,
stimulieren die Natur.
Frühlingsgefühl pur.

Spatzen schilpen die
lupenreine Lebenslust
frech aus neuem Grün.

Bunte Blütenpracht
versprüht frivole Farbe.
Der Frühling feiert.

Duftende Glöckchen
kredenzen lieblichen Klang.
Wie das Auge hört!

Störche stopfen schon
hungrige Küken-Mäuler.
Menschenskinder!

Betörender Duft
von Bonbonfarben-Blumen
regt die Sinne an.

Die Eisheiligen
platzen dummfrech dazwischen:
"Verdufte, Frühling!"

Glühwürmchen funken
lautlos Paarungsbereitschaft
beim Laternenspiel.

Morgenblau der Teich -
Libellen schweben schillernd
bunten Stiften gleich.

Sommers Leichtigkeit
beschert uns gleißendes Licht,
trockene Wärme.

Spärlich bekleidet
frönen wir geeisten Drinks
in lauen Nächten.

Vogelgezwitscher
erfrischt den müden Morgen,
weckt Lebensgeister.

Zikaden zirpen
melancholische Lieder,
locken Partner an.

Der Nörgler wird zu
jeder Jahreszeit jammern,
ertrinkt fast im Schweiß.

Kühles Bier beschlägt,
sieht trübe benebelt aus.
Kondenswasser tropft.

Klingen der Gläser,
wogendes Stimmengewirr
tönen durch die Nacht.

Wolken drohen schwarz.
Blitze zucken, Donner dröhnt
schwer durch schwüle Luft.

Urlaub an der See:
Salziges Meeresrauschen
erquickt die Seele.

Die Sonne taucht ein.
Der Horizont empfängt sie
mit weiten Armen.

Figuren am Strand
sind grazil wie die Zeitung:
Sommerlöchrig schlank.

Kinder genießen
selbst bei sengender Hitze
den Spaß im Freibad.

Sirrende Nächte:
Blutsauger stören den Schlaf.
Graf Dracula grüßt.

Asphalt flimmert wie
kleine Fata Morganas -
zitternde Hitze.

Die Hitze weht fort.
Die Vögel schwärmen südlich
über bunten Wald.

Die Sonne sinkt rasch.
Unter milchigem Himmel,
wachsen die Schatten.

Rankende Reben
schenken dankbaren Winzern
freudvolle Lese.

Letzte Wärme flieht,
Schuhe schlurfen träg im Laub -
Gedanken bremsen.

Spinnen verweben,
umgarnen emsig ihr Heim.
Kunstvolle Netze.

Die Erde atmet
Sonnenstrahlen, Morgentau -
haucht Nebel talwärts.

Über Spiegelglanz
zelebrieren die Fischer
zeitlose Stille.

Zeit zieht das Dasein
zügig in Richtung Winter.
Sommer war gestern.

Das Denken verliert
sich in wirrem Verzweigen
neuer Gedanken.

Bizarre Netze
benetzt mit glitzerndem Tau
lauern auf Beute.

Anoraks lösen
leichte Sommerkleidung ab.
Alles wiegt schwerer.

Gedanken wabern,
Gefühle eichen sich neu:
Herbst-Melancholie.

Sturmböen pusten
letzte Blätter von Bäumen.
Der Herbst resigniert.

Tageslicht wird rar;
das Jahr tritt zum Endspurt an.
Willkommen Winter!

Die Natur steht still
in wehend weißen Flocken,
sammelt neue Kraft.

Ein Seidentuch fällt:
All Lautes wird langsam still,
schweigt vom Schnee bedeckt.

Eiszapfen wachsen.
Tropfsteine aus Diamant
glitzern und tauen.

Kinder rollen Schnee,
schmücken die weißen Kugeln.
Der Schneemann grinst breit.

Auf dem Weihnachtsmarkt
wärmt Glühwein kalte Hände,
weckt frohe Sinne.

In der Weihnachtszeit
weicht das Dunkel den Lichtern.
Welch wärmender Glanz!

Silvesterböller
dröhnen dumpf durch das Dunkel.
Mensch und Tier leiden.

Neujahrspaziergang:
Das abgelaufene Jahr
ist Schnee von gestern.

Auf klirrendem Eis
probieren Akrobaten
Kufen-Kunststücke.

Eisblumen zeigen
bizarre Kunst der Kälte -
und Vergänglichkeit.

Karnevalsjecken
in komischen Kostümen
kalauern närrisch.

Hört man nicht leise
Schneeglöckchenläuten klingen?
Ewiger Kreislauf ...

Zeitfracht Medien GmbH
Ferdinand-Jühlke-Straße 7
99095 Erfurt, Deutschland
produktsicherheit@kolibri360.de